SUR L'INDEMNITÉ

QU'ON PROPOSE D'ACCORDER

AUX ÉMIGRÉS.

IMPRIMERIE DE CHANSON,
Rue des Grands-Augustins, n. 10.

SUR L'INDEMNITÉ

QU'ON PROPOSE D'ACCORDER

AUX ÉMIGRÉS

DONT LES BIENS ONT ÉTÉ VENDUS.

« L'émigration était-elle une mesure
« salutaire ou funeste ? On peut avoir sur
« ce point différentes opinions. »

M. DE CHATEAUBRIAND. — *Réflexions politiques sur quelques écrits du jour et sur les intérêts de tous les Français.*

PAR GUSTAVE LEBLASTIER, AVOCAT.

PARIS,

CHEZ PRUDHOMME ET LELOUTRE,

Boulevard des Capucines, n° 1.

1825.

SUR L'INDEMNITÉ

QU'ON PROPOSE D'ACCORDER

AUX ÉMIGRÉS

DONT LES BIENS ONT ÉTÉ VENDUS.

« L'émigration était-elle une mesure
« salutaire ou funeste ? on peut avoir
« sur ce point différentes opinions. »

M. DE CHATEAUBRIAND. — *Réflexions politiques sur quelques écrits du jour et sur les intérêts de tous les Français.*

On propose d'accorder aux émigrés une indemnité pour leurs biens vendus ; cette idée n'est pas nouvelle, M. de Châteaubriand l'avait exprimée dans ses écrits dès l'année 1814, époque où l'on commit des fautes, et M. de Corbière l'a proclamée depuis à la tribune, dans un temps où, comme on sait, les fautes ne manquaient pas : *Il n'y aura peut-être pas de parfaite réconciliation entre les Francais*, écrivait le premier, *jusqu'à ce qu'on ait trouvé le moyen, par de sages tempéramens, des indemnités, des transactions volontaires, de diminuer ce que la première injustice a de criant et d'odieux.*

Cette phrase, on en conviendra, prouve assez que l'illustre écrivain avait peu de confiance dans le désintéressemment de nos chevaliers, puisqu'il mettait au prix d'une indemnité une réconciliation que la Charte du Roi devait seule opérer. D'autre part, il y avait inconséquence, puisque, quatre pages plus haut, il disait que la noblesse supportait pour le Roi la perte de ses biens; ce qui autorisait chacun à dire: Si vous souffrez pour lui cette perte, ainsi que vous le dites, et que vous y êtes bien forcés, ou si vous exigez des indemnités, ne vous vantez pas d'un sacrifice que vous ne faites point.

Depuis, M. de Corbière a dit à la tribune qu'il partageait l'avis de son honorable ami, et qu'il croyait que l'or le plus pur de la France devait être consacré à cet emploi. Si l'on regarde comme le plus pur, comme le plus précieux, l'or que les peuples fournissent avec le plus de peines, il était impossible que le ministre prît mieux son temps pour entrer dans les vues du député. Si M. de Châteaubriand a persisté dans son opinion, ce dont il ne faut pas jurer, il s'en suit que ces Messieurs sont restés du même avis, excepté sur le titre d'ami, dont alors il était permis sans doute à M. de Corbière de se prévaloir.

Quoi qu'il en soit, l'un et l'autre étant entrés aux conseils du feu Roi, il n'est pas surprenant que ce projet ait été mis sur le tapis, et que, présenté avec l'éloquence puissante de l'un d'eux que l'on devinera, il ait facilement séduit des hommes dont, pour la plupart, il caressait en secret les plus chères pensées.

Si les ministres ont le droit de présenter

aux Chambres des projets de loi dont ils devraient supporter la responsabilité, sans doute il est permis à un citoyen d'examiner ce projet, auquel il est bien sûr d'être assujéti si ce projet devient une loi.

Puis donc qu'il a plu au ministère de faire naître une question si fertile en souvenirs pénibles, en sentimens haineux, si propre à réveiller les vieilles inimitiés, à rallumer tous les brandons de la discorde civile; puisque ceux qu'elle concerne surtout, sont assez imprudens malgré les terribles récriminations qu'ils doivent craindre, pour réclamer dans leurs pamphlets des indemnités *complètes*, pour traiter de révolutionnaires et de jacobins ceux-là mêmes dont ils veulent épuiser la bourse, nous ne craindrons pas non plus de l'aborder cette question délicate; mais, loin de chercher à exciter les passions, notre modération sera égale à notre sincérité : si nous parlons sans crainte nous promettons aussi de parler sans haine; si nous ne disons pas toute la vérité, du moins nous ne dirons que la vérité.

Et d'abord, l'indemnité proposée est-elle juste? Nous le saurons quand nous aurons appris non pas si l'émigration devint nécessaire, mais si ceux qui émigrèrent ne doivent pas s'imputer à eux-mêmes la révolution dont les excès purent amener cette cruelle nécessité.

Nous le saurons quand nous aurons appris si ceux qui émigrèrent, loin de vouloir se soustraire aux dangers du moment, ne se réunirent pas sur la frontière pour attendre les secours de l'étranger et revenir, à la suite d'une *promenade militaire*, imposer de nouveaux fers à un peuple qui ne voulait que recouvrer ses droits les plus chers et les plus légitimes.

Nous le saurons quand nous aurons appris si l'honneur, derrière lequel se retranchent ceux qui émigrèrent, ordonna jamais de s'armer contre sa patrie et d'appeler l'étranger contre elle.

Nous le saurons enfin, quand nous aurons appris si ceux qui émigrèrent n'occasionnèrent pas, par leur démarche imprudente, le plus grand malheur dont la France ait à gémir.

On l'a voulu, on l'a fait naître, le jour où les Français peuvent compter entre eux. Aujourd'hui, parler est un devoir; et dût la représentation la plus mesurée passer pour un acte de révolte, il ne faut pas du moins que le silence soit pris pour un signe d'adhésion.

Les ministres du vertueux Louis XVI, effrayés d'un déficit qu'il eût été si facile à un gouvernement représentatif de remplir aussitôt, songèrent à y remédier. On accordera que ce déficit ne devait pas son origine à des sacrifices faits pour le peuple; les deux ordres privilégiés étaient comblés de faveurs et gorgés de richesses; il ne fallait de leur part qu'un léger effort, et ils tiraient d'inquiétude le meilleur des pères. Qu'ont-ils fait pour lui?

Les ombres de Calonne et de Necker se lèvent et déposent, qu'appelés par le Roi en assemblées provinciales, en assemblées de Notables, afin de délibérer sur les intérêts du trône et de la nation, les privilégiés ne songèrent qu'à défendre leurs priviléges contre la nation et le trône.

Et maintenant, lorsque l'on demande ce qu'ont fait pour le Roi les nobles et les prêtres, on vous renvoie admirer les uns versant leur sang à Quiberon, les autres, déguisés sous l'habit du laïc, prodiguant leurs prières et leurs bénédictions aux victimes qu'attendait la hâche révolutionnaire. De bonne foi, est-ce là répondre? Il s'agit bien de savoir si, après avoir laissé faire tout le mal qu'on pouvait prévenir, on a su combattre avec courage ou prier avec ferveur! Ce sont ces jours de gloire et de douleur éternelles, ce sont ces actes de fureur et de résignation sublime, qu'il fallait empêcher; on le pouvait, il suffisait du plus léger sacrifice : ce sacrifice, on a refusé de le faire.

Le refus des Notables rendit indispensable la convocation des États-généraux, elle fut ordonnée. Alors l'amour du privilége et de la domination l'emporta sur l'intérêt même. Les grands, instruits de l'état moral de la nation, n'ignoraient pas que, depuis un demi siècle, elle était éclairée par les écrits d'hommes que l'ignorance et le despotisme n'empêcheront jamais de regarder comme les bienfaiteurs et les instituteurs du genre humain; ils ne virent pas sans effroi s'avancer l'époque où ce peuple si long-temps méprisé, pourrait enfin réclamer ses droits naturels et imprescriptibles. Les nobles eux-mêmes avaient salué l'aurore de la raison; ses précurseurs avaient été leurs idoles, tant qu'ils avaient cru ne reconnaître dans leurs ouvrages que des principes hors de la portée du vulgaire, principes qu'ils étaient flattés d'appliquer à leur propre usage, pour se mettre de niveau avec ce qu'ils voyaient au-dessus d'eux; car il en est ainsi de tous les hommes. On admettrait volontiers l'égalité entre soi et ses supérieurs; elle ne révolte que quand l'inférieur ose y prétendre.

Les nobles, dans leur inquiétude, crurent éviter le choc menaçant en offrant enfin de contribuer à l'acquittement de l'impôt. « A quoi bon, s'écriaient-ils, à quoi bon les États-généraux? s'agit-il de rétablir les finances, d'ordonner que le plus riche paiera comme le plus pauvre, que nous paierons comme le tiers-état? Rien de plus juste, payons, et tout est dit, et les Etats-généraux deviennent inutiles. » Mais il n'était plus temps : ce sacrifice avait perdu le plus grand de tous les mérites, celui de l'à-propos, et cet empressement même décelait assez les craintes de la noblesse.

Le tiers-état répondait : « Oui, sans doute, vous paierez comme nous, et c'est bien ainsi que nous l'entendons. Si les finances sont dissipées, du moins ne l'ont-elles pas été à notre profit; vous paierez, mais vous remplirez un devoir et ne ferez point une grâce; vous paierez, parce que la loi vous l'ordonnera. Nobles, vous obéirez comme nous à la loi. Les États-généraux s'assemblent; c'est là que cette question d'argent sera débattue;

mais elle est la moins importante de celles qui doivent y être traitées ; on saura si nous serons enfin comptés pour quelque chose dans la nation. »

Les États-généraux s'assemblèrent en effet. Il est hors de notre objet de rappeler toutes les difficultés, toutes les chicanes qu'élevèrent les ordres privilégiés sur la manière dont ces États devaient être tenus. La députation du tiers-état sera-t-elle égale en nombre à celle des deux autres ordres réunis? Votera-t-on par tête, votera-t-on par ordre? Qui fit entendre le mot funeste de scission? Tout cela, comme on voit, excéderait de beaucoup le plan que nous nous sommes tracé, et chacun sur ce point sait de reste à quoi s'en tenir.

Cependant le peuple, par ses députés, déposait au pied du trône l'expression juste et respectueuse de ses vœux; et ce qu'il n'est pas inutile de remarquer, c'est qu'il demandait alors moins que ce qui, depuis nous, a été octroyé par la Charte royale.

Le Roi, ses ministres étaient frappés de

la justice et de la modération de ces requêtes; mais ceux que l'avarice avait égarés devaient tout perdre par l'orgueil. Sans doute il eût été beau de satisfaire volontairement aux droits de la justice et de l'humanité, de cimenter, entre tous les ordres de l'État, une alliance heureuse et durable, et de servir ainsi son maître dans la position la plus difficile où jamais monarque se soit trouvé.

Les privilégiés ne le voulurent pas : leur amour-propre irrité se révolta contre la raison nationale; mais la nation sentait sa force, et les privilégiés ne s'avouaient leur faiblesse qu'avec un dépit mêlé de haine. Tout par eux fut employé pour faire naître, dans le cœur des sujets, de fâcheux soupçons contre le prince. Ils mirent en doute la liberté de son consentement et de sa personne, pour rendre suspecte la sincérité de ses actes; enfin, après avoir soulevé tous les esprits déjà échauffés par le spectacle nouveau des débats parlementaires; après avoir rassemblé dans le foyer toutes les matières combustibles; après avoir fait lever ceux qui, jusqu'alors, *étaient restés à genoux*; après avoir légué à leur pays et à leur roi le germe de tous les maux, les mécontens quittèrent la France et devinrent des émigrés.

Telle est la vérité sur l'origine de la révolution et sur le fait de l'émigration.

OR, ON DOIT DIRE :

Si, dès le principe, les ordres privilégiés eussent volontairement concouru au rétablissement des finances, *il n'eût point fallu convoquer les États-généraux;* si les États-généraux n'eussent pas été convoqués, *il n'y eût point eu de révolution;* s'il n'y eût pas eu de révolution, *il n'y aurait point eu d'émigration;* s'il n'y eût point eu d'émigrés, *on n'aurait pas vendu leurs biens;* si l'on n'eût pas vendu leurs biens, *ils ne réclameraient pas d'indemnité;* et s'ils n'eussent point réclamé d'indemnité, *nous ne serions point obligés de leur prouver que tous nos maux procèdent d'abord de leur avarice, ensuite de leur orgueil.* Que cet argument semble puéril, soit; mais rien au monde ne peut le détruire.

Y pensez-vous, me dira-t-on, ignorez-vous que nos princes?.... Je vous entends, mais taisez-vous. Après avoir abandonné votre maître à toute la rage de la tempête que vous-mêmes aviez suscitée, il serait trop commode de trouver un abri derrière ceux que le ciel prit exprès le soin d'y soustraire. Nos princes ne pouvaient avoir d'autre volonté que celle du Roi, et l'on sait quelle était celle de Louis XVI. Comme lui, ils gemissaient de vos folles résistances; mais quand le péril devint imminent, ils durent mettre en sûreté des jours dont ils étaient comptables à l'Europe entière, des jours, dont à chaque instant la France apprécie mieux l'heureuse conservation. Plût à Dieu que le chef de leur maison eût pu comme eux échapper à l'orage! O ma patrie, aucune tache sanglante ne souillerait ton immortelle auréole, tu ne gémirais pas d'un forfait qui ne fut jamais le tien!

Oui, la famille de Saint-Louis devait, pour nous-mêmes, ménager son propre sang. De tout temps, les Français ont voulu qu'elle en fût avare ; sur ce seul point ils se sont montrés exigeans ; c'est ce sentiment d'amour pour nos Rois qui inspirait au vertueux Sully cette héroïque et touchante brusquerie, lorsque, dans vingt combats, il essaya d'arrêter la fougue guerrière du si brave et si bon Henri. C'est lui, c'est cet amour qui enhardissait les compagnons de gloire du grand Roi jusqu'à s'opposer ouvertement aux élans de son courage ; il animait à Fontenoy les Maurice et les Richelieu, lorsqu'au moment le plus dangereux de cette bataille si meurtrière et si long-temps indécise, ils pressèrent, mais en vain, Louis XV et le Dauphin, son fils, de quitter un poste périlleux ; c'est encore lui qui, dernièrement en Espagne, dictait à nos généraux ces mots par lesquels il engageait le modèle des braves et l'honneur des sages à ne pas tant s'exposer à la mort, *quelque bonne que fût la compagnie.*

Le sang de nos Bourbons, hasardé dans tant de combats, ne devait couler qu'avec gloire ; il a pourtant plus d'une fois rougi le fer des fanatiques ; mais devait-il sanctifier l'échafaud ?

Autre raison non moins puissante. Louis XVI, on le sait, voulait annoncer tout ce que contient la charte ; les princes émigrés, en rentrant dans leur pays, ont assez fait connaître quels avaient toujours été leurs principes à cet égard. C'est la Charte à la main que leur aîné est venu les manifester, entouré de son frère et de ses neveux.

Louis XVIII, dans la solitude du malheur, a, sous la dictée de la sagesse, écrit cet acte immortel qui fut, n'en doutons pas, délibéré en famille.

L'empressement de tous les princes à jurer son inviolabilité prouve évidemment que la Charte est le fruit d'une volonté commune. Le Roi de France, au milieu de ses présomptifs héritiers, aurait-il, sans les consulter, stipulé pour eux?

Si la Charte est l'expression libre de leur volonté; si elle est l'image fidèle de leur opinion constante, il n'est pas moins certain qu'elle accorde à la nation beaucoup plus de garantie que la nation n'en réclamait d'abord.

En nous présentant la Charte, les Bourbons ne semblent-ils pas nous dire : Ce ne fut jamais notre éloignement pour une sage liberté qui nous arracha si douloureusement à la commune patrie. Hommes du siècle, hommes de la nation, nous ne voulions ni asservir l'une ni faire reculer l'autre; l'épreuve du déficit nous avait convaincus que les monarques doivent compter sur l'amour des peuples plutôt que sur la générosité des privilégiés; mais l'opiniâtreté d'une part, de l'autre l'irritation toujours croissante, ne permirent point à nos voix d'être entendues; nous fûmes contraints d'aller mettre en sûreté sur la terre étrangère une vie qu'ils nous eût été si doux de sacrifier pour votre bonheur, mais qu'il ne nous était point permis d'exposer dans des querelles furieuses et insensées.

Maintenant qu'aucun obstacle ne s'élève entre vous et nous, recevez cette Charte; elle excède vos vœux, elle exprime toutes nos volontés, elle sera désormais notre loi commune; jurez, comme nous jurons les premiers, de lui être fidèles; Français, nous remettons entre vos mains ce dépôt sacré, et nous vous chargeons de veiller à sa conservation.

Maintenant, sans manquer au respect que nous portons à nos augustes princes, qu'il nous soit permis de comparer à cette royale conduite la conduite de ceux à qui l'on destine des indemnités.

Notre vie, disent-ils, était menacée. Mais qui l'avait mise en péril? D'ailleurs, les nobles n'eurent véritablement lieu de craindre que lorsque la mode de l'émigration, devenue une fureur, eût mis le comble à l'exaspération publique. Votre vie était exposée ! et la vie de votre Roi! C'est pour ce Roi, que vos refus et vos résistances avaient compromis, c'est pour lui qu'il fallait mourir, si mourir devenait nécessaire!

Gentilshommes, hommes de la nation, vous deviez à ce Roi qui vous trouva si avares d'argent, à cette nation qui vous trouva si jaloux de vos priviléges, vous leur deviez jusqu'à la dernière goutte de votre sang, et vous fuyez pour sauver votre vie ! Les Bourbons devaient nous conserver la leur ; mais vous, à qui deviez-vous la vôtre ? Ah ! sans votre défection, sans vos menaces de la guerre étrangère, trop favorable aux méchans qui dirigeaient et égaraient le peuple, trop capables de porter l'indignation dans des cœurs depuis long-temps irrités, on n'eût vu jamais lever une main criminelle sur le père de la patrie. Mais l'honneur, dites-vous, prescrivait votre devoir, il vous appelait sur les bords du Rhin. Il ne fallait rien moins que la révolution française et ses expressions nouvelles et étranges pour qu'on entendît cette expression plus nouvelle et plus étrange encore : *L'honneur nous prescrivait de quitter la patrie et de nous armer contre elle.* Et toute la France vous répond : L'honneur était là où était le Roi. Plus le danger était grand, et plus l'honneur exigeait votre présence, car l'honneur ne connaît de périls que pour les braves; et si la France eût été malheureuse au point de voir quelques rebelles armer contre son Roi leurs bras désespérés, oh! qu'elle eût été consolée en voyant le dernier des écuyers s'élançant de son gothique manoir, et le premier des pairs du royaume sortant de son superbe palais se précipiter à la fois entre les furieux et leur maître, le couvrir de leurs corps, et, le glaive nud sous le bras, attendre le premier coup. Alors elle eût reconnu l'élite de ses enfans, alors tous les Français eussent applaudi à leurs amés. A ce spectacle imposant, je vois l'arme menaçante tomber des mains du meurtrier, de grosses larmes bordent sa paupière, ses genoux fléchissent, son cœur est déchiré par les remords, un cri de paix se fait entendre, les mains se recherchent et s'unissent, les sacrifices s'échangent, la révolution est terminée, l'autorité du Roi est plus que jamais affermie, et les Français n'ont que de nouveaux motifs de s'estimer et se chérir. Entendez-vous ce que prescrivait l'honneur, l'honneur, pour cette fois, heureusement d'accord avec la raison ? mais l'orgueil et la présomption vous parlèrent un autre langage.

Les émigrés ne virent dans leur démarche qu'une campagne d'agrément. Les uns n'étaient pas fâchés de se donner à bon compte un air héroïque, les autres étaient bien aises de se soustraire d'autant aux poursuites de leurs créanciers; tous avaient le projet de revenir bientôt mettre à coups de cravache cette canaille à la raison. Nous le demandons à tout émigré de bonne foi, en était-il un seul parmi eux qui eût consenti alors à nous donner la Charte que nous tenons du chef des princes français émigrés, devenu depuis notre Roi ? Qu'ils cessent donc d'invoquer des noms révérés pour repousser de trop justes reproches. Entre ces augustes personnages et eux, il n'y a absolument rien de commun, ni dans la position, ni dans la conduite, ni dans les sentimens ; blâmer ceux-ci n'est nullement offenser ceux-là.

On connaît l'effet que produisit leur démarche téméraire ; les étrangers menacèrent, des manifestes, aussi incendiaires que fanfarons, achevèrent d'exalter les têtes. De perfides meneurs crurent avec raison ne pouvoir mieux s'assurer de l'impunité et du succès de leur entreprise, qu'en rendant en quelque sorte le peuple complice de leurs fureurs. L'infortuné Louis XVI fut mis en jugement, l'univers sait le reste : la France fut condamnée à des regrets éternels.

Qu'on veuille bien se reporter à l'argument que j'ai posé plus haut : s'il est juste, si tout ce que j'ai avancé est vrai, on conviendra qu'il est difficile de reconnaître la moindre justice dans l'indemnité qu'on propose d'accorder aux émigrés dépossédés, à moins qu'on n'admette en principe qu'il faut dédommager celui qui se fait volontairement tort à lui-même. Il dépendait des privilégiés, dans le principe, d'empêcher leur ruine et tous les maux de la révolution : sacrifier une partie de son bien pour sauver l'autre, n'est pas un acte de générosité, c'est tout simplement un acte de bonne administration et d'économie bien entendue. Sous ce rapport, ils n'ont donc évidemment aucun droit à l'indemnité ; voyons maintenant si, rigoureusement parlant, la nation à pu les déposséder.

On a dit quelque part qu'un seul article de notre constitution la mettait au-dessus de toutes les autres constitutions ; que nous sommes le premier peuple de l'univers dont le code constitutionnel prononce l'abolition de la confiscation. D'abord, il s'en faut de beaucoup que notre constitution soit en aucune manière au-dessus de toutes les autres; le dire et le soutenir sérieusement serait s'exposer à la risée de nos plus proches voisins. Notre Charte est sage, mais elle n'est point parfaite; toutefois, il ne nous est pas plus permis d'en désirer une meilleure, qu'il n'est permis à qui que ce soit de changer une seule de ses dispositions.

Sans doute il est bon qu'elle consacre un grand principe de morale publique; mais ce qui concerne nos libertés était plus essentiel que l'abolition de la confiscation, car cette peine ne s'applique guère qu'à ceux qui conspirent contre l'État; or, on voit rarement conspirer des hommes libres et heureux.

On ajoute que cette abolition de la confiscation est le seul arrêt que Louis XVIII ait porté contre la révolution. Cette phrase tend à faire croire que la confiscation est une peine nouvelle, consignée par la révolution dans son code sanglant; mais il fallait savoir, ou plutôt ne pas dissimuler que la confiscation est une peine aussi ancienne que le bannissement, une peine plus ancienne peut-être que la peine de mort.

L'homme, dans son état naturel, n'est point l'ennemi de l'homme; l'idée de la destruction, de l'anéantissement lui fait horreur; il ne se prévaut de la supériorité de sa force envers son semblable que pour lui arracher l'objet dont il a besoin ou envie; presque jamais il ne le met à mort. Cette heureuse disposition en faveur de son espèce le suit dans l'état de société. La peine de mort fut donc long-temps inconnue; le premier des meurtriers devint errant pour peine de son crime, et son sang ne paya pas le sang de son frère. Dans les premières sociétés, le méchant était banni de la contrée; sa famille le suivait dans son nouvel asile, et son champ était partagé entre ses anciens frères; mais l'homme ayant multiplié, selon l'ordre éternel, les guerres survinrent, les cœurs s'endurcirent. et la société ne vit dans la mort qu'un moyen certain et naturel de se défaire à jamais de celui qui se faisait son ennemi. Si ce n'était trop nous écarter de notre sujet, nous prouverions facilement que le bannissement et la confiscation furent long-temps les deux seules peines graves connues.

Mais, sans remonter à la plus haute antiquité, personne n'ignore que la confiscation fut en usage chez les Romains. Ses abus furent grands, puisque Cicéron même, le sauveur et le père de Rome, vit confisquer et raser sa maison. Les Saxons, les Germains, les Gaulois, adoptèrent cette loi pénale, qui n'offrait rien que de naturel à des barbares qui ne distinguaient point encore l'importante différence que l'on doit faire entre le coupable et l'innocent. Ces peuples raisonnaient ainsi : La société garantit seule à chacun de nous la paisible propriété de ses champs ; celui qui outrage grièvement la société mérite de les perdre. On n'a reconnu que fort tard combien il était injuste que les enfans portassent la peine du crime de leur père.

La confiscation déshonora nos lois françaises; et il est bon de remarquer ici que ceux auxquels on destine des indemnités n'étaient, pour la plupart, riches que de confiscations; car il ne faut pas croire que ces grands biens, qui étaient et qui sont encore entre les mains de quelques seigneurs, que ces superbes domaines qui appartenaient à tant d'abbayes fussent tous des fiefs dont l'origine remontât à l'époque de la conquête, ou les seuls dons de la piété. Nos Rois, pour l'ordinaire, disposaient en faveur de leurs courtisans ou des clercs, des biens confisqués sur ceux de leurs sujets condamnés par la justice, ou qui avaient encouru leur disgrâce. Rien n'était plus fréquent que de voir passer les biens d'une grande famille dans une autre famille puissante: souvent c'était le prix de la calomnie et de la délation.

Les fautes les plus légères emportèrent quelquefois la peine de la confiscation.

Sous Henri IV lui-même, quiconque était trouvé saisi d'une arme à feu, sans port-d'armes, était puni dans son corps et confisqué dans ses biens ; mesure violente que rendit peut-être nécessaire, à cette époque, la fureur des guerres de religion et le grand nombre d'assassinats ; sous Louis XIV, on confisqua les biens de tous les huguenots qui fuyaient la persécution.

La confiscation fut en pleine vigueur jusqu'au 21 janvier 1791, c'est-à-dire jusqu'à la révolution, époque où elle fut abolie ; mais elle fut bientôt rétablie par les lois des 30 août 1792, 19 mars 1793 et 1er brumaire an 2, pour les crimes attentatoires à la sûreté générale de l'État et pour celui de fausse monnaie ; elle fut maintenue par les lois des 14 floréal an 2, 1er prairial an 3, enfin par le Code pénal de l'an 10 (*art.* 75 *et suiv.*).

La restauration est assez riche de ses propres bienfaits, sans qu'on lui fasse gratuitement honneur de l'abolition de la confiscation, qui doit être attribuée à Louis XVI, à l'époque de la révolution ; et cette peine ne dut son rétablissement qu'au besoin d'arrêter les progrès de l'émigration.

Aucun gouvernement ne voit avec indifférence ses sujets abandonner le pays ; rarement les intentions des émigrans lui sont-elles favorables ; d'ailleurs, l'état est riche de ses citoyens, et tout homme qui quitte sa patrie sans esprit de retour, lui fait un vol réel de sa personne, de l'or qu'il emporte, de son industrie, de sa postérité. Il s'expose à créer chez l'étranger des êtres qui pourront un jour affliger, attaquer, combattre, ruiner, désoler, détruire sa patrie, égorger leurs plus proches parens. L'émigration est donc le coup le plus sensible que puisse recevoir une société quelconque : cette démarche désespérée peut s'excuser, quand elle n'a pour motif que de s'assurer un refuge contre une persécution cruelle ; elle ne s'excuse jamais lorsqu'elle est accompagnée du projet de s'armer contre son pays.

Louis XIV le savait bien ; et la persécution la plus inouie n'était point à ses yeux un motif suffisant d'émigration.

Reportons-nous à la trop fameuse révocation de l'Édit de Nantes, peut-être trouverons nous l'occasion de faire quelques rapprochemens qui ne seront point sans intérêt.

Depuis la prise de La Rochelle, sous le règne précédent, les Calvinistes étaient restés paisibles et fidèles; le grand Colbert les protégeait comme des sujets utiles. Le Clergé, les Jésuites, animés par l'intérêt, les noircirent aux yeux du Roi. Le chancelier Le Tellier et son fils Louvois devinrent leurs ennemis en haine de Colbert. Alors s'éleva contre leur Église une persécution qu'elle considère encore comme une des plus terribles qu'elle ait eues à souffrir. On fermait leurs temples et leurs écoles, on leur interdisait le mariage avec les Catholiques, on leur ôtait leurs charges, on les déclarait incapables de toute profession honnête, on enlevait leurs enfans, on employait tour-à-tour, contre eux, les missionnaires et les dragons, Pélisson avec son argent, et les bourreaux avec la potence et la roue. L'inflexible Louvois lançait les ordres les plus insolens et les plus sévères ; il envoyait, dans les pays où se trouvait le plus grand nombre de ces familles infortunées, des gens de guerre avec permission de tout faire, excepté de tuer; enfin, on révoqua l'Édit immortel par lequel l'aïeul de Louis XIV, qu'ils avaient placé sur son trône, avait acquitté la dette de son cœur.

Assurément, dans cette extrémité, la fuite était légitime si jamais elle le fût. Aussi, un grand nombre de familles protestantes quittèrent la France et furent chez les nations voisines chercher des temples et exercer leur industrie. Elles ne firent point la guerre à leur pays, et n'armèrent point contre lui aucune puissance étrangère.

Cependant, Louis, qui s'aperçut du préjudice que causait à son état cette émigration toujours croissante, voulut y mettre un terme; mais, fidèle à son caractère, il plaça des troupes sur les frontières pour arrêter les fugitifs, tandis que, dans l'intérieur, d'autres troupes étaient chargées de soumettre par la force les consciences de ceux qu'avait retenus le doux soleil de la patrie. Les biens de tous les Protestans émigrés furent confisqués.

Long-temps après, lorsque le zèle des persécuteurs parut un peu calmé, plusieurs familles calvinistes rentrèrent en France; elles ne trouvèrent plus leurs biens, mais je ne sache pas qu'elles aient réclamé ou qu'on leur ait offert la plus légère indemnité. Cependant ces Français, si cruellement, si injustement persécutés pour leur foi, ne s'armèrent point contre leur pays; ils n'engagèrent point des souverains étrangers à lui faire la guerre.

Si un monarque pieux a pu, de l'avis de tout le Clergé catholique, confisquer les biens de ceux de ses sujets qui étaient allés chercher un asile contre les violences les plus injustes, une nation a-t-elle eu le droit d'user de la confiscation, loi ancienne, loi alors en vigueur, contre des citoyens qui, sans autre motif que celui de s'opposer à un ordre de choses appelé de tous les vœux, et que leur propre conduite avait précipité, s'arment contre leur pays, dans le dessein de l'asservir, et vont lui faire des ennemis de tous les Rois de l'Europe?

Doit-on une indemnité à ces citoyens, lorsque, depuis, les uns sont rentrés *par grâce, par amnistie*, les autres à la suite de légions étrangères qui, alors, publiaient hautement qu'elles ne combattaient plus pour eux? Certes, si la confiscation a quelquefois été juste, c'est lorsqu'elle à puni *les crimes attentatoires à la sûreté de l'État*; tout le monde là-dessus sera d'accord. Or, les émigrés ont-ils, oui ou non, attenté à la sûreté de la France? S'ils ont eu ce malheur, qu'ils en subissent les fâcheuses conséquences, ils ne pouvaient ignorer la loi.

Ainsi les émigrés n'ont aucun droit à l'indemnité proposée, non seulement parce qu'ils ont eux-mêmes occasionné les malheurs dont ils se plaignent, mais encore parce qu'ils n'ont été dépossédés de leurs biens qu'en vertu d'une loi qui régissait le pays au moment où ils l'ont quitté et qu'ils n'ont point voulu profiter, pour y rentrer, du délai qui leur était accordé.

Mais ces hommes, après tout, sont-ils aussi à plaindre que le prétendent leurs patrons ?

Il faut distinguer deux espèces d'émigrés ; ceux qui rentrèrent avant la restauration, et ceux qui ont attendu le retour du Roi. Les premiers, convaincus de l'inutilité de leurs efforts contre la France, profitèrent, pour y rentrer, des amnisties qui leur furent accordées à diverses époques. On peut dire qu'ils étaient sûrs de retrouver dans leur pays les moyens de se procurer une existence honorable, car rarement vient-on rendre témoins de sa détresse ceux que l'on avait éblouis de son faste et de son opulence : menacer, intimider, ou même disposer à des arrangemens avantageux les acquéreurs de leurs biens, était, à ces époques surtout, une espérance insensée. Mais ces biens, pour la plupart, avaient, dès la première vente, été rachetés pour des assignats et moyennant le faible prix qu'on y mettait alors, par une épouse, par un père, par un frère, dans l'intention de les remettre un jour au premier propriétaire ou à ses enfans.

S'il est vrai de dire que ces biens étaient vendus presque pour rien, on conviendra que la perte de ces émigrés a dû être très-faible; qu'elle peut être considérée comme la peine légère de leur imprudence, et que ce serait une dérision ou une offense que de leur proposer une indemnité.

Quelques-uns de ces émigrés voulurent se mêler de complots; un gouvernement ombrageux et ferme les eut bientôt déjoués et punis. Les autres, trop satisfaits de se revoir environnés des objets de leurs affections les plus chères, demeurèrent paisibles, et donnèrent même souvent l'exemple de la soumission aux lois : pour ceux-là, le chef du gouvernement du temps, qui voulait sincèrement l'union des Français, parce qu'elle entrait dans une bonne politique, crut qu'il ne devait pas témoigner l'oubli des opinions par l'oubli des personnes. Il jugea qu'au lieu de les écarter des emplois publics, il était sage de les y appeler, afin de les tenir pour ainsi dire sous sa main, persuadé d'ailleurs que l'homme raisonnable qui trouve la fortune et la considération dans une fonction quelconque, s'y attache naturellement, et finit par s'attacher aussi au gouvernemnt de qui il la tient.

Beaucoup d'émigrés occupèrent les places les plus éminentes, et furent comblés de faveurs et de fortune ; d'autres se précipitèrent dans les anti-chambres où les attendaient les grâces de leur Souverain. Tous l'ont servi avec zèle, et ils le devaient, puisqu'ils acceptaient ses bienfaits ; quelques-uns, peut-être, n'ont fait preuve que de trop de servilité.

Presque tous l'ont outragé après sa chute ; mais ils ne peuvent dissimuler ni leurs richesses, ni la source d'où elles proviennent, et ils ne se justifieront d'avoir accepté leurs places qu'en se déshonorant ;

en disant, par exemple, qu'ils ne les acceptaient que pour être plus à portée de trahir leur bienfaiteur. Beaucoup de biens non vendus ont été remis par Bonaparte à ces émigrés. Qu'on ouvre l'Almanach-Royal, et l'on verra qu'ils occupent encore toutes les premières places de l'État ; ils cumulent les honneurs et les richesses de l'usurpation et de la restauration ; et c'est à de tels hommes qu'il faut encore accorder des indemnités !

Quant à ceux qui ne sont revenus qu'au moment de la restauration, ils sont en bien petit nombre. Ce sont, pour la plupart, d'anciens seigneurs qui, ayant eu le malheur de quitter la France et de s'armer contre elle, se sont trouvés par leur naissance dans le cas de devenir les compagnons du Roi, et de lui composer chez l'étranger une cour d'autant plus respectable qu'elle était celle du malheur. Honneur à ces dignes chevaliers! les souverains détrônés et errans ne trouvent pas souvent d'amis ; mais l'estime des contemporains dédommage, et l'éloge de la postérité attend les hommes généreux qui leur restent fidèles. Certes, il était bon, il était bien séant aux yeux même des hommes sages d'une opinion contraire à celle des émigrés, que le Roi de France conservât chez les étrangers une dignité extérieure qui, quoique bien au-dessous de celle de son caractère, rendît le témoignage de ce qu'il avait été et de ce qu'il était encore.

De retour dans ses états; le monarque a dû se montrer reconnaissant; car le Roi de France ne saurait être ingrat. Louis XVIII, en effet, à témoigné sa reconnaissance à ses compagnons d'infortune; leurs dettes étaient les siennes, elles ont été payées; ils ont été portés aux premières charges de l'État et de la couronne, et personne n'a murmuré de les y voir : il y a plus; si l'on en croit des bruits qui semblent bien fondés, la liste civile serait singulièrement obérée. Il faudrait avoir bien peu connu le cœur du feu Roi, pour trouver à ce passif une autre origine que les bienfaits dont ce prince a comblé ses vieux amis. Le retour des Bourbons et leur affermissement sur le trône garantit à ces derniers la plus brillante existence non-seulement pour eux, mais encore pour leurs enfans; car enfin nous devons espérer qu'on ne verra pas une révolution nouvelle empêcher que le fils, même sans mérite, d'un grand seigneur, ne devienne, à son tour, un grand seigneur.

Les émigrés sont donc bien loin d'être aussi à plaindre qu'on le dit. Ils furent, pour la plupart, dédommagés sous l'Empire même. Presque toutes les places lucratives grandes ou petites sont dans leurs mains, la liste civile est grevée pour eux. Si vous leur accordez les indemnités qu'ils demandent, il s'ensuivra qu'après avoir fait eux-mêmes la révolution, ils seront les seuls entre les Français qui puissent s'en réjouir, puisque, non contens d'accumuler emplois, richesses, pouvoir, honneur, ils retrouveront encore l'équivalent des biens qu'ils avaient perdus. Prenez-garde d'exposer à la malédiction publique ceux que vous recommandez à la compassion nationale; craignez qu'on ne dise, peut-être trop justement, que ces gens-là ont toujours été funestes à la France; craignez qu'on ne pense qu'après avoir satisfait leur avidité, ils prétendront obtenir, ainsi que l'a dit leur plus éloquent défenseur, *quelqu'uns de ces honneurs qui annoncent leur rang aux yeux du peuple*, ce qui serait le dernier des outrages.

Et quand le sort des émigrés serait aussi rigoureux qu'on le suppose, à qui de supporter ces malheurs, si ce n'est à celui qui doit se les imputer? Lorsqu'ils rentrèrent, pour la plupart, aux différentes époques où la nation voulut bien leur faire grâce, réclamèrent-ils ou leur promit-on la plus légère indemnité? Lorsque le Roi rentra dans ses états accompagné de ceux qui devaient, à tous égards, lui sembler les plus recommandables, a-t-il, dans sa Charte, stipulé quelque chose en leur faveur? non; il ne commande rien que l'entier oubli du passé.

Le Roi, témoin si intéressé de la révolution, savait trop bien que prescrire une indemnité c'eût été rétablir toutes les vieilles questions qu'il était si prudent de laisser dans l'oubli. Et maintenant, il faut que la France, déjà épuisée, contracte une dette nouvelle d'environ un milliard envers des hommes dont elle avait incontestablement le droit de vendre les biens, puisque la loi de la confiscation qu'on peut appeler comme on voudra, la régissait alors, et la régissait depuis le commencement de la monarchie; il faudra que le propriétaire paisible, que l'artisan laborieux subissent de nouveaux impôts ou restent courbés sous le poids des anciens, pour défrayer de leurs voyages d'outre-mer ou d'outre-Rhin des hommes qu'ils ont été obligés de combattre et de vaincre ; les vainqueurs paieront contribution aux vaincus : ces derniers, à ce prix, voudront bien se réconcilier et partageront entre eux toutes les places de l'État : en vérité, on croirait rêver!

Et dans quel temps encore demande-t-on

cette indemnité? lorsque nous sommes à peine acquittés du tribut énorme que nous imposèrent les étrangers dans l'ivresse de leur inespéré triomphe, et c'est une chose assez digne de remarque et de méditation, que l'indemnité que l'on sollicite pour les émigrés exige un sacrifice égal à celui qui nous fut commandé par des ennemis victorieux. C'est au moment où, pour complaire à la sainte-alliance, nous sommes allés en Espagne porter la guerre dont nous étions las, chercher de la gloire dont nous avions de reste, prodiguer des trésors dont nous avions besoin, pour rétablir chez ce peuple une paix qu'il semble qu'on prenne à tâche de troubler chez nous à mesure qu'elle se consolide, en agitant exprès les questions les plus propres à réveiller les vieilles animosités; c'est au moment enfin où l'on nous annonce la dette considérable de la liste civile. On dirait que nos hommes d'état ont désespéré de pouvoir gouverner la France libre, paisible, riche, et qu'il est de leur intérêt de la tenir toujours sous le joug de l'arbitraire, sous le poids de l'impôt et dans la chaleur des querelles.

Nous voulons, disent-ils, fermer la dernière plaie de la révolution. Eh quoi! serait-il vrai que ce fût la dernière? plût au ciel qu'il en fût ainsi! elle eût donc été la seule; car, jusquà cette heure, on n'a point songé à en fermer d'autres. Si pourtant celles que nous ressentions si vivement sont déjà fermées, vite que l'on cherche du marbre; statuaires, prenez vos ciseaux; nos ministres sont bien plus habiles qu'ón ne pense, ne laissons point à l'ingrate postérité le soin d'acquitter notre dette. Mais déjà je vois une foule de moines ou de gens qui voudraient jouir de leur opulence et de leur oisiveté; je les vois s'élever, je les entends s'écrier : Non toutes les plaies ne sont point fermées, nos biens ne nous sont pas rendus, rendez-nous nos biens. En vain leur objectera-t-on que toute nation à le droit d'entretenir dans son sein ou d'en rejeter telle ou telle société, selon qu'elle lui semble utile ou préjudiciable;

que du moment où une société de ce genre est détruite, la nation peut disposer de ses propriétés, parce qu'on n'ôte rien à celui qui n'existe plus, et qu'on ne peut supposer de propriétés sans maîtres : vains efforts, raisonnemens superflus, les religieux crieront les derniers : Nos biens ne nous sont pas rendus, à l'impiété! au scandale! rendez-nous nos biens ou indemnisez-nous.

Et que l'on ne dise pas que je me livre ici à une vaine supposition qui jamais ne se réalisera ; ce que nous voyons aujourd'hui nous permet de nous attendre à tout. Lorsque l'indemnité qu'on demande sera consentie et payée, qui nous a dit que nos ministres, plus affermis que jamais par la reconnaissance obligée de leurs nouvelles créatures, ne seront pas tentés de faire bénir dans la solitude du cloître une administration détestée par toute la France? « Regardez autour de vous, nous dirait-on alors, voyez les États catholiques, ils ont tous des moines ; souffrirez-vous que la France, dont le Roi est le *fils aîné de l'É-*

glise, soit le seul État qui n'en ait pas? est-ce assez, pour témoigner de notre foi d'avoir un Clergé qui se consacre au service extérieur de l'Église? Ne serait-il pas digne de la France d'entretenir dans la retraite des hommes étrangers aux intérêts profanes, qui passeraient leur vie dans la prière et la contemplation, qui expieraient par leurs macérations les crimes dont la société n'est que trop souvent l'occasion, et appelleraient sur le royaume les bénédictions célestes? Nous ne réclamons point leurs biens vendus, car vous savez comme nous respectons la Charte; nous ne proposons point de nouveaux impôts, car nous savons comme vos députés défendent vos intérêts: qu'on les laisse seulement tels qu'ils sont, afin de pouvoir indemniser ces bons Pères et ces vénérables Frères. Songez qu'il s'agit d'un acte de justice, que plusieurs d'entr'eux vivent encore, et que, lorsque nous avons insensiblement ramené chacun aux anciennes habitudes, il serait par trop rigoureux qu'un vieux moine eût la douleur de mourir privé de son froc et de sa cellule, et de tant d'autres objets de ses innocentes affections. *Cette plaie*, pour lè coup, sera bien la dernière : qui oserait se trouver mal lorsque les émigrés et les moines seront bien ? La nation, dans son délire, à eu le droit de les dissoudre et de les punir ; mais c'est à la nation régénérée qu'il appartient de les rétablir et de les indemniser. »

Mais qui indemnisera tant de familles dont les fortunes consistaient en rentes, et qui ce sont vues ruinées par des assignats, tristes effets d'une révolution contre laquelle elles ne pouvaient rien ? Faudra-t-il qu'après avoir rassemblé les débris de leur naufrage et réparé leur désastre par le travail et l'économie, elles soient encore forcées de contribuer à indemniser les vrais auteurs de la révolution ?

Qui indemnisera ce cultivateur qui a vendu la presque totalité de son patrimoine pour arracher ses fils à une conscription dévorante, suite cruelle d'une révolution qu'occasionnèrent les émigrés?

Ah! si tous ces individus doivent contribuer à fermer cette plaie, qui véritablement devrait être la dernière, parce qu'elle est la moins interressante, n'élevons de statues que lorsque des ministres loyaux vraiment habiles, moins jaloux de se faire des partisans que de travailler à la gloire du monarque et à la félicité de la patrie, auront su faire comprendre à chacun que la France se ruinerait à réparer tous les torts particuliers ; qu'il faut savoir en faire le sacrifice à la paix ; que tout individu doit se trouver heureux du bien être général, et qu'il serait ridicule de montrer à l'Europe la France versant l'or de la main gauche dans la main droite pour s'indemniser elle-même.

Au reste, peut-être semble-t-il difficile de trouver les fonds nécessaires pour cette ruineuse indemnité? Non, l'habileté et l'amour de la justice savent surmonter tous les obstacles, et nos ministres sont justes et habiles, comme chacun sait. Leur industrie, en fait de finances, est telle qu'ils pourraient opérer ce grand œuvre, même sans augmenter l'impôt! Or, voici comme il s'y prendront. L'impôt est déjà exhorbitant, laissons-le tel qu'il est ; qui pourrait en murmurer? N'est-ce pas soulager le peuple que de ne pas aggraver son fardeau. La réduction des rentes offrait une belle ressource; mais la chambre des Pairs, que nous n'avons pas toute nommée, nous l'ayant audacieusement refusée, contentons-nous, pour le moment, du renvoi d'un collègue loquace auquel nous enseignerons le laconisme épistolaire ; et laissons nos gens à *tant la feuille* insulter, en le comparant au cardinal de Retz de séditieuse mémoire, un prélat plus touché des maux qui menacent que des infortunes passées? La comparaison, d'ailleurs, nous sera tout à fait glorieuse; qui pourrait penser au Cardinal sans songer *à l'illustrissimo signor Faquino*? Laissons donc les rentiers en paix, sans cependant les perdre de vue. Rien n'étonne de bonnes têtes: n'avons nous pas le moyen des économies? Des économies, et toute la France d'applaudir. Commençons par supprimer un grand nombre de certaines places. Il est vrai que quelques pères de familles sont accoutumés à les considérer comme leur fortune; mais ne doivent-ils pas être riches par cela même qu'ils les occupent depuis long-temps; il est vrai aussi que le service en pourra souffrir, mais, plus tard, nous ferons valoir les besoins du service: on devra toujours nous tenir compte de notre bonne volonté et de nos infructueux essais; les places supprimées pourront être rétablies, et l'on trouve toujours bien à qui donner des places; nous formons exprès pour elles des jeunes gens qui ne les dédaigneront pas, et ces nouveaux employés seront notre fait, pourvu qu'ils ne lisent point d'œuvres philosophiques, car il faut que leurs principes soient aussi gothiques que la loi Gombette, et qu'ils ne soient pas, eux, plus âgés que le plus jeunes de nos petits neveux. Quant à celles de ces places qu'il faut bien conserver, nous réduirons leurs salaires ou d'un quart ou d'un tiers. Les employés gémiront; et s'ils perdaient tout à fait leurs places? Autre ressource. En l'an de grâce 1816, pour complaire à ceux que nous voulons indemniser aujourd'hui, on augmenta le nombre des officiers-généraux, en proportion de ce qu'on diminuait l'armée; alors on n'osa pas encore renvoyer les grognards, maintenant, qu'avons-nous besoin de tant d'habits galonnés? Et puisque tout est soumis et paisible; puisque l'armée est dévouée et qu'elle a fait ses preuves, puisque les vieux et les jeunes héros commencent à fraterniser et parlent ensemble de l'Espagne, *le temps ne serait-il pas venu* de forcer ceux qui comptent plus de trente années de service d'accepter une retraite qu'ils sont en droit d'exiger. Ce sont autant de tableaux de la rvéolution que nous mettrons au garde-meuble; et pendant que nous fermerons notre dernière plaie, ces braves iront soigner les leurs sous l'humble toit qui les vit naître.

Ainsi donc, l'indemnité projetée ruinera des familles entières ; ainsi donc, on arrachera à la substance de celui qui versa son sang pour la patrie le superflu que l'on destine à celui qui arma son bras contre elle ! Emigrés rentrés en France, êtes-vous gentilshommes français ? Remerciez le ministère de l'occasion, peut-être unique, qu'il vous présente de vous réconcilier à jamais avec votre nation, et de faire connaître à tous vos véritables titres de noblesse. Rejetez noblement, rejetez devous-mêmes l'offensante indemnité qu'on vous propose. Vos prétendus protecteurs mettent vos caractères à une terrible épreuve. La France, s'il le faut, prépare le sacrifice; il est prêt : mais la France vous regarde, ou pour vous ouvrir ses bras, ou pour détourner de vous ses yeux noyés de pleurs.

Mais si l'on accorde l'indemnité, et que les émigrés l'acceptent, pense-t-on atteindre le but apparent qui serait de réconcilier entr'eux tous les Français? Pour moi, je ne le crois pas. Ou cette réconciliation est déjà opérée, ou jamais elle ne s'opérera. Cette mesure ne peut que faire de nouveaux mécontens, puisqu'elle nécessite de nouveaux sacrifices sans satisfaire personne; parce que jamais ceux qui en profiteront ne la trouveront complète ou suffisante. Il est des hommes qui se montrent exigeans à mesure qu'on se montre facile. Tel émigré ne se croira pas dédommagé, parce qu'on lui aura payé toute la valeur de son domaine au moment où il fut vendu. Ce domaine, qu'il laissa dans l'état le plus déplorable, et qui peut-être quelques années plus tard, eût été vendu par ses créanciers; ce domaine, disons-nous, grâce aux soins et à l'intelligence de l'acquéreur, a doublé, triplé de valeur. L'ancien propriétaire ne sera satisfait que si vous lui en donnez la valeur actuelle, sans oublier les années de jouissance.

De son côté, l'acquéreur n'y trouverait-

cune garantie; car sa garantie était dans la loi, sans qu'il fût même besoin de la consacrer par la Charte. S'il était troublé par quelques scrupules, cette indemnité ne pourra point le tranquilliser, puisque la réparation du prétendu tort ne procédera pas de son fait. Elle ne servira qu'à mieux proclamer son usurpation, puisqu'elle est destinée à réparer une injustice dont elle le réputera positivement complice. La mémoire de l'homme, si oublieuse des bienfaits, n'est que trop fidèle quand il s'agit d'intérêts que l'on croit lésés. Aucune indemnité, quelle qu'elle soit, n'empêchera un émigré de dire à son fils en passant près de son ancien manoir : Tout ceci fut à moi; on m'en dépouilla injustement quand je partis pour le service du Roi. On vendit mon bien, le propriétaire actuel l'acheta pour le plus vil prix; mon héritage, dans une seule année, rapporte à ce fripon plus qu'il ne lui a coûté. On a cru, moi, m'indemniser convenablement en me donnant une faible somme de   . Voilà, mon fils, ce qu'il ne faut jamais oublier. Et voilà, disons-nous, comme une loi imprudente perpétue les haines et les rend héréditaires, au lieu de les calmer et de les assoupir. Car n'espérez jamais satisfaire la plupart des émigrés, quelque considérable que soit votre indemnité, fût elle même plus que complète. Il est des gens pour qui haïr et se plaindre est un véritable besoin : vous leur aurez donné beaucoup d'argent, mais qu'est-ce cela? Qui les dédommagera de ces superbes châteaux où vivaient tristement leurs nobles aieux? Et ce bel étang, à la carpe dorée, et pourtant un peu fangeuse? Et ce majestueux colombier, jadis l'objet de l'impuissant dépit des jeunes garçons et l'effroi de leurs vieux pères?

Mais il est des infortunes qu'il n'est pas au pouvoir de l'homme de réparer. Quelques-uns de ceux que les émigrés avaient laissés derrière eux ont péri pendant la révolution, victimes peut-être de la fuite de leurs parens; rien malheureusement ne saurait les rappeler à la vie.

» O combien l'indemnité proposée va renouveler de regrets ! que de larmes, presque taries, vont retrouver un libre cours. Ces pertes cruelles seront d'autant plus vivement senties, on en parlera d'autant plus volontiers qu'elles sont véritablement irréparables, que désormais ce seront les seules dont on puisse décemment se plaindre, et que personne au monde ne saurait blâmer l'expression de douleur, même un peu outrée, qu'inspire la perte d'un parent ou d'un ami. Tout puissans que vous soyez, à votre voix la tombe avare ne se r'ouvrira pas, et les ames sensibles, oubliant leur propre imprudence, mais se souvenant de ceux qui leur furent si chers, auront toujours la consolation d'être en droit, selon elle, de traiter de *brigands*, de *révolutionnaires*, de *jacobins*, de *buveurs de sang*, tous les Français qui se montreront jaloux des droits que leur confère la Charte.

» Ah! qu'il eût été bien plus sage de laisser chacun soigner en paix, guérir s'il se peut, oublier ses propres maux! Dix années de séjour dans la patrie avaient calmé tant de souffrances; tous ces noms odieux qu'inventa la haine des partis allaient heureusement se confondre dans le nom glorieux de Français, et voilà qu'une proposition d'indemnité, lancée comme la pomme de discorde, rajeunit toutes les vieilles animosités, réveille tous les ressentimens. Chacun croit être et est en effet fondé à examiner les titres de ceux pour qui l'on réclame, et tout homme de bonne foi reste bientôt convaincu que les émigrés, sans le vouloir sans doute, furent la cause première de tous les maux de la révolution.

Cependant on nous crie : Nation française, nation généreuse, les émigrés sont rentrés dans ton sein, les émigrés sont aussi tes enfans, et les émigrés sont dans l'indigence. La nation française répond : Je ne connais les émigrés que par mes malheurs, ils n'ont rien voulu faire pour moi; assez long-temps ils ont déchiré ce sein que maintenant ils réclament pour l'épuiser de nouveau. Ah! si des sacrifices m'étaient permis, ne les devrais-je pas à ceux de mes fils qui, pendant vingt-cinq ans, m'ont protégée contre le fer de l'étranger, préservée de son joug et d'un démembrement odieux? Les émigrés sont dans la misère! Je ne puis, je ne dois que les plaindre de s'y être précipités; mais je les considère, et je vois que votre amitié prévoyante les a mis bien au-dessus du besoin. A ce prix, vous assurez qu'ils se réconcilieront; je n'ai point de grâce à leur demander, ils ont, pendant quinze ans, non seulement su contenir leurs ressentimens, mais même caressé servilement la main puissante qui les maîtrisait, s'honorer de nos distinctions, s'enrichir de nos emplois; si maintenant ils osent se plaindre, c'est que vous-mêmes vous les y avez excités, et qu'ils savent quels engagemens vous avez pris ensemble. Ne me parlez pas sentiment, vous parleriez mal ce langage, et je ne saurais le comprendre dans vos bouches, organes, jusqu'ici, de l'égoïsme le plus mesquin : ne me parlez pas morale, vous parleriez mal, et je ne vous comprendrais pas, accoutumée que je suis à ne vous entendre prêcher que la morale des intérêts. Point d'appel à ma bonne foi, invoquez celle des Jésuites. Voulez-vous connaître ma véritable opinion sur l'indemnité que vous proposez, comme sur tous vos projets de loi? Rendez-moi la Charte telle que Louis XVIII me la donna, que le double vote soit supprimé, comme contraire à l'égalité de droits que cette Charte consacre entre tous les citoyens qui paient 300 francs d'impôts ; retranchez aux Députés cette prolongation de pouvoir que la Charte leur refuse, rendez aux élections la liberté sans laquelle elles ne sont qu'une véritable dérision ; arrêtez le cours de vos injustices, et lorsque vous m'appelez au secours de prétendues victimes, n'augmentez pas le nombre des véritables malheureux. Alors, mais seulement alors, vous pourrez invoquer ma générosité, qui ne reste jamais sourde, quand la justice est satisfaite.

FIN.

www.ingramcontent.com/pod-product-compliance
Lightning Source LLC
LaVergne TN
LVHW020929230826
846091LV00005BA/1904

* 9 7 8 2 0 1 3 4 4 6 4 2 6 *